해맑은 원근법

이서원시조집

목언예원

해맑은 원근법

지은이 · 이서원
펴낸이 · 민병도
펴낸곳 · 목언예원

초판 인쇄 : 2020년 9월 25일
초판 발행 : 2020년 9월 30일

목언예원
출판등록 : 2003년 2월 28일 제8호
경북 청도군 금천면 선바위길 53 (신지2리 390-2)
전화 : 054-371-3544 (팩스겸용)
E-mail : mbdo@daum.net

ISBN 978-89-94733-96-8 03810

저자와의 협의에 의해 인지를 생략합니다.
이 시조집은 울산문화재단 '2020 비대면 예술창작활동 지원' 선정사업으로 발간되었습니다.

값 8,000원

울산광역시 ULSAN METROPOLITAN CITY
울산문화재단 ULSAN ARTS AND CULTURE FOUNDATION

이 도서의 국립중앙도서관 출판예정도서목록(CIP)은 서지정보유통지원시스템 홈페이지(http://seoji.nl.go.kr)와 국가자료공동목록시스템(http://www.nl.go.kr/kolisnet)에서 이용하실 수 있습니다.(CIP제어번호: CIP2020039198)

해맑은 원근법

이서원시조집

목언예원

■ 시인의 말

돋아오르는 풀잎 위에

동글동글 맺힌 새벽이슬도

해가 뜨면 어디로든 가더라.

2020년 9월

이서원

CONTENTS

해맑은 원근법

— 이서원 시조집

01

고요가 뒤꿈치 들고

썸SOME

왜 난들 모르겠나 바위 앞에 섰다는 걸

그래도 한 번쯤은 안아보고 싶었던 거지

네 눈에 나의 눈부처 빛나는 게 좋았거든

마주 보고 있다는 건 가슴 뛰며 설레잖아

눈부신 햇것처럼, 빠져드는 잉걸불처럼

그렇게 재 될 때까지 타오르고 싶었거든

헛신발

댓돌 앞에 세워진

고무신 한 켤레

그 안에 고인 물이

찰방찰방 맑아라

아버지 가신지 십 년

희고 고운 마음 하나

뒤뜰

풋살구 몇 개가
은근슬쩍 익어가는

신맛 같은 봄밤이
정겹기도 하여라

고요가
뒤꿈치 들고
달을 슬몃 당기는

빗방울

흔적없이 지운다는 그 말 참 아픕니다
사루어 저를 안고 울음마저 다 삼키고
이 세상 아니 다녀간 듯 소리마저 거둡니다

무언의 눈빛인 양 턱 괴어 마주한 채
하룻밤 시절 인연 창을 열어 들여놓던
그 시간 참 좋았지요, 방울방울 스미던

두고 가는 어린 것들 눈에 밟힐 어미처럼
말없이 추스릅니다, 흘러내린 시간 앞에
빗방울 발자국 끝에 한 별 시가 벗은 고요

다도해

너울 이랑에 깨 씨인가, 점점이 뿌려놓고

늦도록 이 가을날 수확조차 잊었구나

한 묶음 남도 바다는 깻단마냥 푸르다

하늘은 체를 흔들어 윤슬만 쏟아내도

온종일 신이 나서 깨소금 내 나는데

때늦은 호들갑인가 서 말 닷 되 품이 너른

산새 소리

풀잎 끝의 이슬 하나

단애 끝의 절집인가

돌아앉은 비구승은

풍경이듯 고요한데

이 새벽 산새 소리는

파릇파릇 둥글다

씨발시발

내 친구 희야는 말마다 씨발이다
씨발 친구야 니가 뭔데 시인이고
씨발 놈 웃기고 있네 거랑에서 용났네

저거 어무이 무당에 신내림을 받았는지
욕부터 내뱉고서야 뒷말이 따라오는
씨발이 입에 붙어서 서울말보다 찰지다

씨발이 시발詩發이면 좋겠다 싶은 이 밤
새벽 두 시 전화와도 밉지 않은 그런 친구
내 시에 지 이름 넣었다고 또 씨발씨발 하겄네

해맑은 원근법

지는 해를 두 손으로 다소곳이 받들고

그녀가 환하게 배경 앞에 웃고 있다

한순간 공글릴 수 있는 이 하루가 참 좋다

황홀한 산을 둘러 천지가 동그랗다

돌아보면 찬란함도 찰나의 순간이듯

해맑은 구도를 핑계로 줌인 되는 소실점

배구의 대전

어느 무희의 춤사위가 저토록 현란한가
솟구쳐 날아올라 순식간에 내리꽂는
완벽한 리듬을 갖춘 정형 속의 율 같다

투지의 눈빛들로 공 하나에 몸을 날려
환희와 절정들이 뒤섞여 뛰어올라
어느 생 저토록 간절히 나를 던져 보았던가

공은 바닥에 닿아 저로 돌아가려 하고
사람은 공을 받아 공을 세우려 하는
함성의 축제 현장은 희디흰 눈부심이다

고치

대한 폭설 속에 인적 끊긴 산중 오두막

창과 문 닫아걸고 스스로 들어앉아

달포째 날실 씨실 엮는 절대 기문 서책 한 권

하현

무림고원의 권법인가

절대지존의 필살기인가

서천의 바람길로

쏜살같이 내달리다

희미한 칼자국 하나

그어두고 사라진

달력에 없는 하루

희붐한 도시 새벽
별보다 먼저 와서

머리맡에 기대앉아
두어 번 흔들어보다

슬며시 돌아가 버린
너의 작은 흔적 하나

둘러봐도 찾아봐도
가없는 빈자리뿐

꿈이었나 생시였나
잠 속을 걸어 나온

가만히 속눈썹에 맺혀
세상 절벽 끝에 맺혀

청송

새떼들의 울음처럼 한 움큼씩 지는 잎들

죽장 도평 지나 한참을 스며들면

말더듬 팔순 외삼촌 노랫가락 같은

산
산
산

섬보다 더 깊은 눈으로

02

지평선에 서다

땅 한 폭 하늘 한 폭 맞대어 재단한 뒤

어느 여인 밤 지새워 바느질을 하였을까

딱 맞춘 지구 옷 한 벌 초록으로 넘실댄다

시침질 박음질로 천의무봉 어여뻐라

형형색색 풀꽃들 향기롭게 수를 놓아

누천년 푸른 바람에 헤질 줄을 모른다

주전 몽돌

갈래머리
총총 묶어
폴짝폴짝
뜀을 뛰는

잔잔한
파도 소리
땡그란
눈도 예쁜

아이의
하얀 이마 위
물방울이
맑아라

영암리 포구

녹슨 닻들이 수년째 땅에 박혀
발동 꺼진 폐선 아래 정박한 지 몇 년인가
수평선 눈길 겨눌 뿐 헛기침만 하고 있다

양파 고구마 심지어 어성초까지
산비탈 땅뙈기에 잘 자란 물고기
비늘을 벗겨내듯이 손질하는 노인들

링거줄에 수혈되는 검붉은 혈액처럼
출렁이는 바다 끝에 그물코를 걸어 놓고
난파된 이물 한쪽을 깁고 있는 영암리

사기史記를 읽다

제 색을 다 버린 한 올 머리카락이

밑줄 친 문장 위로 하얗게 떨어진다

사마천 구우망일모九牛忘一毛 낙뢰落雷처럼 꽂히는 밤

잠실 같은 서재에서 누에 마냥 엎드린 채

궁형보다 환관보다 더 부끄러운 오늘의 나

글 한 줄 잣지 못한 채 마른 침만 삼킨다

1월, 비룡폭포

집 나간 지 수개월째 산천을 찾아 헤매다
급전직하 계곡에서 백골이 된 채 발견
스스로 뛰어내렸다는 경찰의 사인 발표다

도저히 믿기지 않아, 정말 왜 그랬을까
부부싸움 가정불화 우울증 빚 독촉인가?
벗어둔 신발 한 짝이 나뭇가지에 걸려있다

기골은 창대하나 딸처럼 살갑더니
말 못 한 그 속내가 천 길이나 깊었던가
노부모 가슴에 박힌 금쪽같은 대장손大長孫

오동도

오래도록 여미었던 비밀스런 문을 열면
홰치는 새벽을 파도처럼 넘어와서
간절한 푸른 언어로 출렁이던 속삭임

눈부신 체위들로 슬픔을 다독이다
서로의 탐닉 앞에 몸은 더 붉어진다
내밀한 호흡을 맞춰 눈을 슬쩍 감아도

탄식도 품어 안고 목을 놓는 동백송이
너와 나 절규하듯 난간에 기대서서
섬보다 더 깊은 눈으로 하나 되어 마주했다

오전 열 시, 모노드라마

올 풀린 스웨터의 보푸라기 같은 햇살

창가 흔들의자에 저 혼자 앉아 있다

괘종이 적막을 건너 먼 곳으로 이운다

고요가 어깨를 걸고 약속이라도 한 것인가

뜯지 않는 소포처럼 저들끼리 꿈쩍 않는다

말 없는 평화 한쪽이 시나브로 깊디깊다

시가 있는 밤

막막한 심정만큼
더 큰 아픔 또 있을까
우러렀던 가을 하늘
그 쪽빛 다 풀리고
휘영청 가지 끝으로
깃을 접는 먹빛 어둠

생을 다 탄 별 하나
성호 긋듯 떨어진다
저무는 그 무엇들
지워가는 모습 뒤로
외딴집 키 큰 감나무
달빛처럼 앉은 나

터질 듯이 부풀었던
지난 시간 부여잡고
단 하루만이라도
너와 더불어 살고 싶다
그 독백 찬바람에 실려
하염없이 떨고 있는

빙폭氷瀑

반골 기질 민병들의 패기 같은 돌격으로

적의 본영을 향하던 푸른 말발굽 소리

낙하의 협곡을 만나 표표하게 서 있다

열국을 평정하던 뜨건 함성 잠시 멈춰

창검도 밀쳐 두고 바람마저 재워두고

사기를 충천하듯 전의를 다지는가

배수의 진을 치고 더는 밀릴 수 없어

전장을 뚫어질 듯 겨눠보는 눈빛으로

장대한 갑옷을 걸친 퇴각 잊은 영웅호걸

약육강식
–일몰

삼키다 만 대가리가 반쯤 걸린 목구멍

발버둥 치는 뒷다리 허공을 휘젓는다

붉은 피 뚝뚝 떨어지는 생과 사의 결투!

빛내림

금령총 비취 같은 빛나는 영락瓔珞인가

먹구름 살짝 비켜 사선으로 쏟아지면

맞잡은 착한 두 손이 공손하게 받든다

어린 왕자 미소처럼 은은하여 깊고 곱다

뉘 머리에 썼던 관을 이리 또 물려주나

경건히 무릎을 꿇고 우러른다, 서라벌

개들의 공화국

왕릉 아래 털보네 개 소리가 집요하다
안개를 집어삼키며 집들을 물어뜯는다
마을은 저항도 못 한 채 개밥그릇처럼 찌그러지고

위태롭게 버틴 집들은 고욤나무에 묶어진 채
제 둘레만 목줄처럼 감고 또 감고 있다
이빨이 꽉 물고 있는 고깃덩이 같은 새벽

뼈대 좋은 종갓집도 속수무책 씹혀진다
아작난 몇몇들이 슬그머니 줄행랑치자
곧이어 개들의 공화국이 핏대를 세우고 있다

영월 동강

포식의 본능은 그에게도 살아있어
이빨을 감추고 갈기를 숨겼지만
휘감는 물돌이에선 참을 수가 없었을까

느긋하게 진중하게 최후의 만찬처럼
감미롭게 음미하는 협곡의 푸른 식사
억만년, 굽이친 첩첩 삼키고도 남겠다

굶주린 야수의 시린 발목을 적셔가며
칭얼대는 꼬리 끌고 핥아가는 저 혀들
아무 일 없었다는 듯 바윗돌이 부드럽다

달보다 푸른 노래

03

시

체로 걸러내고 바람에 풍구질하여

너덧 되 겨우 얻은 메주콩을 삶는 저녁

한 아름 구수한 냄새 온 마을이 들썩인다

월첨月尖

음력 초사흘 밤이면
어김없이 서천을 건너

누명의 탈을 쓰고
저를 버린 젊은 자객

한 천년 갈다 만 칼을
허리춤에 다시 꽂는

산정 일출

궐문을 두드리는 다급한 목소린가
반정反正의 그날인 양 성채를 에워싸고
삼엄한 경계를 넘어 산 그리메로 진군한다

성삼재를 뛰어올라 숨 가쁜 거사의 변
실정失政의 안개 군단 속전속결 베어낸다
명분은 민초民草를 향한 새 하늘을 받드는 일

원추리 물레나물 속단이 산오이풀
공신의 함성이 천상을 뒤흔들자
마침내 지리의 기상 양팔 가득 껴안는다

봄날

너와 어깨 걸고 살풋살풋 걸어본다
쉰 고개 여태껏 단 한 번도 내친 적 없는
참 오랜 벗이라 해도 이만하면 믿을만하다

죽마고우 관포지교 백아절현 말들 속에
우리도 이쯤이면 그 뜻에 못 닿을까
대숲의 푸른 바람처럼 마음 더욱 설레고

다래 넝쿨 휘어감 듯 나와 함께 장단 맞춰
내川를 건너 들을 지나 어여쁘다 이 발걸음
한 타래 노란 향기를 길마다 풀어놓는

물영리

소퐁 나온 풀꽃들이 옹기종기 둘러앉아

바람에 머리 맞대고 조곤조곤 정겹다

살포시 냇물을 건너는 징검돌도 따스운

매미의 노래

저 혼자 울고 싶은 그런 날 있나 보다
한잠 든 가을 어귀 느티나무 아래 앉아
달보다 푸른 노래를 폭우처럼 흩는다

박자도 음정도 다 틀린 한 소절을
하얗게 돌돌 말아 저를 묶어 가두면서
별이 된 엄마를 찾아 천상으로 향하는

누가 들을까봐 속으로만 외던 가사
만장도 북재비도 앞세우지 못했지만
뒷산을 홀로 오르는 저 가녀린 울음 한 올

옹골찬 결의

속이 꽉 찬 배추는 우리네 영토 같다

둥글게 감싸 안은 푸른 바다에 둘려

옹골찬 결의를 다진 그 내면의 결속력

저를 묶어서야 더 튼실히 기립하듯

이 땅 어느 산하 한 뙈기 밭을 일궈

또다시 씨앗을 뿌리는 바지런한 농부 근성

자정은 무답이다

새벽녘에 일어나 어둠을 꾹 누르면

탄력을 잃어버린 그녀의 가슴처럼

저 혼자 무감각하게 모로 누워 뒤척인다

하릴없는 주책으로 말을 슬쩍 걸어봐도

천지사방 눈도 없는 무명의 두려움뿐

무연히 뒷걸음질에 헛웃음만 쭈뼛하다

가지산 철쭉

제후시대 봉화인 양

산 너머가 왁자하다

희첩姬妾의 웃음소리

궁을 넘어 들려올 듯

오월은 살내가 어여쁜

교태 넘친 천상이다

자목련 지다

어린 어미 품에 안겨 빈 젖만 연신 빨던

제 이름도 얻기 전에 숨 놓은 핏덩이가

서녘의 모퉁이 돌아

아장아장 가고 있다

동행

내 나이 쉰 넘어도 응석받이 아이처럼

한 번쯤 엄마아, 하고 불러보고 싶어진다

때 이른 아지랑이 핀 논둑길을 걸으며

쑥 냉이 못 캐어도 어찌 봄이 아니랴

빈 바구니 들고 가도 마냥 부푼 꿈길인 걸

모처럼 마주한 눈빛 유정하다, 참말로

백로 무렵

시나브로 왔다 갔다 생각들이 참 많은 밤

어느덧 이 계절도 저물어 가는 녘에

며칠째 책장마저도 넘겨지지 않는다

안다는 건 참말이지 겨자씨 한 알 만한 거

어디로 나는 자꾸 벗어나려 안달인가

쓰다만 시 몇 구절도 원고지에 갇혀 있고

끝없는 미답의 한 자락이 가냘프다

남들보다 먼저 온 백발이 부끄러운데

생각이 새벽을 끌고 와 별빛보다 명징하다

04

향기가 수줍은 듯이

새벽달

온순하게 입을 벌린
소의 혓바닥인가

밤의 지구를 핥다
힐끔힐끔 돌아본다

산 같은 어둠의 몸피를
꿈쩍 않고 엎드려

여명

어느 난민촌에 버려진 아이처럼
뜨거운 저 목숨을 받아줄 손이 없어
창문을 열어젖히고 방안으로 들인다

혼자된 미혼모의 눈물겨운 사연일까
핏덩이 맨몸으로 자꾸만 파고드는
구부린 울음 줄들이 가녀리게 이어진다

살과 살이 맞닿아야 정이 더 깊어지듯
온몸으로 바투 안고 토닥토닥 쓰다듬자
신생아 첫울음 같은 하늘 한쪽 눈을 뜬다

밤 산夜山

고집불통의 독불장군 단판 같은 결가부좌

격렬한 자아와 사투를 벌이는 갑다

누천년 미동도 없는 옹고집의 저 사내

구구구

아직은 동 트기 전 이른 새벽입니다

마을 뒤쪽 어디선가 혼자 우는 새소리

안개가 에둘러 있어 먼 외딴 섬 같습니다

짝을 잃었을까요 고요한 저 몸부림

굽은 가지 끝에 무종霧鐘처럼 적막합니다

혼자서 감당치 못할 그 무게가 섬 같습니다

갈 앉을 수 없는 견딤의 부표일까요

깃을 접었어도 응시하는 하늘 한쪽

사무친 그리움이 고여 그윽한 섬 같습니다

문사文士

놓쳐버린 문장 하나 저만치 달아난 후

아무리 뜀박질해도 좁혀지지 않는 거리

온종일 뒤꿈치만 좇다 숨이 턱에 걸린다

가을 사변

폭발음이 들린다
화들짝 놀란다

온 천지 화염이다
서둘러 짐을 싼다

뒤이어 끝없는 행렬
북새통에 난리다

풋사과

초저녁 식탁에 앉아 사과를 깎는다

날 선 눈빛 과도가 지나갈 때마다

사르르 몸피를 벗는 저만의 둥근 순정

뽀얀 살결 드러내며 살며시 돌아눕는다

어느 밤 첫사랑 그녀의 살결처럼

향기가 부끄러운 듯 사각사각 수줍다

넝쿨손

기도원의 성가처럼 담을 넘어오고 있다

폐암 3기 진단받은 거친 숨결 환자같이

그 야윈 두 손 맞잡고 달포째 은거 중인

붙들어도 자꾸 놓치는 저 마음을 어쩌나

날ㄲ을 깎아 벼린 생이 한나절도 겨운 것을

간절한 천상의 갈망 무릎걸음 가고 있다

산다는 건 저를 붙들어 꽃 하나 피우는 일

향기는 다 삭아도 정신만은 놓칠 수 없어

겨우내 첨탑만 좇다 더욱 깊고 퀭한 눈빛

선을 밟을까 넘을까

풀 먹인 삼베처럼 뻣뻣한 솔숲 아래
둘이 드러누워 연애질이나 할까 보다
솔방울 그보다 예쁜 딸 하나 둘까 보다

미쳤나 봐 망측해라 눈 흘기는 바람 앞에
그래도 싫지 않은 눈빛이 소녀 같네
꽃가루 폴폴 날리는 왕릉 초입 봄 한 날

담쟁이, 판토마임

허공에 벽을 짚고 울을 넘는 너의 몸짓

말보다 행동이란 듯 표정을 다 감추고

오롯이 가을을 넘는 천치 같은 옹고집

꺾인 무릎 끌며 절며 꼭 가야 할 이유 있나

죄도 업도 없다는 건 근동 사람 다 아는데

저토록 자신을 감추는 섭정* 같은 바보야

*섭정 : 전국시대 자객의 이름

정계政界

복중에도 굴복만큼 더 아픈 복 또 있을까

때마침 몰아치는 북풍의 한파 앞에

초설은 백기 투항의 깃발 하나 내 걸다

해 질 녘

깨진 기왓장으로 가려운 등을 긁다

제 살이 짓무르고 찢겨 터져 피 흘러서

두 무릎 꿇고 엎드려 무지개를 꿈꾸지

천성산 화엄벌

억새꽃도 구름 곁에 감당 못 할 웃음으로

차올랐다 흔들렸다 다시 또 흩어진다

찬란한 광대무변의 경계 없는 천성산

눈 감으면 바다 같고 눈 뜨면 우주 같아

하늘 가득 넘실넘실 노을 가득 뉘엿뉘엿

가만히 두 팔 벌리면 안겨드는 화엄벌

05

눈발 앞에 꼿꼿한

자성自省

입속의 혀끝을 깨물고서야 알았네

자신이 뱉어낸 수많은 언어들이

뉘에게 대못이었을, 그 가슴에 피였을

겨울 입문

기웃대다 망설이다 엉거주춤 들어서면
묵향인 듯 배어나는 하얀 서실 벽면으로
단번에 일필휘지로 써 내려간 서체들

버릴 것 다 버리고 내칠 것 다 내치고
해보다 더 뜨거운 낙관 하나 걸어 놓고
농묵濃墨에 정신을 세우는 선비 같은 칼바람

눈발

사림의 논쟁인가 경화세족 실권인가
당파의 권모술수 해석이 분분하다
앞다퉈 주의, 주장만 끊임없이 쏟아내고

이단의 사문난적 사화의 문란 속에
세상을 호령할까 지레 겁부터 먹는
그 무슨 경거망동이 저리도 소란스러울꼬

어슬렁 뒷짐 진 채 세상을 달관한 듯
아득히 그저 담담히 바라볼 순 없을까
이 세상 다 덮고도 남을 휘날리는 하얀 사상

동백림에서

망나니의 칼춤 같은 강풍이 몰아쳐도

두 눈을 부릅뜨고 칼을 받는 곧은 처사處士

목숨이 경각을 다퉈도 꿈쩍하지 않는다

응응

누구의
물음 앞에
저토록
어여쁠까

샴쌍둥이
자매처럼
나란히
손을 잡고

고와라
사랑스러워라
다정하게
대답하는

낮달

잘 벼린 단검을 내 등에 꽂아 놓고

피를 철철 흘리며 숨이 넘어가는데도

웃으며 돌아서 가는 저는 필시 짐승인 게야

강철 같은 심장을 몇 개쯤은 품었겠지

인정사정 볼 것 없는 파렴치가 분명해

수시로 바꿀 줄 아는 변신 로봇 같은 놈

어디에서 무림검법 제대로 익혔을까

환한 대낮에도 한 치 망설임 없는

감정을 철저히 숨긴 천의 얼굴 검투사

무당거미

대문 앞에 오색단풍 깃발처럼 걸어 놓고
오늘은 누가 와서 제 생을 물을 건지
어슬렁 뒷짐을 진 채 마당 쪽을 서성인다

저마다 촉을 세워 길을 찾아 헤매지만
그것은 청맹과니 한 치 앞도 모르는 일
어쩌면 투망에 걸려 이슬처럼 사라질

찰나처럼 잘려나가는 시간의 돌기 앞에
천길 속 저 마음도 걸려들면 내 손바닥
신내림 굿판을 열어 신명나게 뛰어볼까

육통리 회화나무

스무 살 처음으로 집 떠나 객지로 갈 때
저만치 걸어가다 자꾸만 돌아봐도
아부지 허연 머릿결 휘날리던 그 웃음

배곯지 말아라 기죽지 말아라
허리 펴고 당당하게 세상에 맞서라
그 겨울 야윈 손 흔들며 눈발 앞에 꼿꼿하던

집회 끝난 광장의 텅 빈 허허로움 같은
마을 어귀 진을 친 등 굽은 바람 몇 섬
꺾어진 무릎을 세워 안간힘으로 버티고 있다

H 병동

아침마다 한 움큼씩 머리카락 빠진다며
친구의 고백이 거울 앞에 앉았다
슬픔이 반 남은 머릿결을 슬쩍 쓸어 올린다

예쁜 머리핀을 꼭 끼고 다닐 거야
독백이 지나가다 말고 명치에 콱 박힌다
우묵한 맑은 눈빛이 강물보다 깊디깊다

움켜쥐면 쥘수록 생은 자꾸 멀어진다는 걸
벌써 눈치채고 더 크게 웃어보이나
항암의 무게가 외려 천 근보다 가볍다

결

새 움이 돋아나는 새싹 같은 새벽입니다

인기척 없는 골목 끝 집 길양이가 주인인지

담장을 넘어갑니다

출렁합니다 울음이

탁란의 여의도

권력에 빌붙어 아첨이 더 익숙하다
발톱 이빨 다 빠져도 기름기가 가득한
다선의 위장전술이 감쪽같아 보이네
등 뒤의 칼날은 함부로 빼지 않는다는
조직의 불문율은 아는 이는 다 알지
바위를 뚫고도 남을 허울뿐인 포퓰리스트

현장

뼈대뿐인 차체들이 컨베이어에 실려 오면

숨과 피를 쏟아 넣는 노동자의 바쁜 손놀림

거룩한 잉태를 향한 부정 모정 아니랴

형광등 불빛 아래 충혈된 눈동자들

쏟아지는 잠을 떨쳐 밤을 지샌 노동이여

미명의 동녘 하늘이 첫울음을 올린다

근조화

너를 안다는 건 눈물을 닦아주는 일

태연히 내색 않고 그 마음을 다독이며

이별을 가장 향기롭게

품어줄 줄 아는 일

사나흘 밤 꼬박 지새도 하나도 안 아픈 척

눈빛은 그윽하게 표정은 엄숙하게

뒤돌아 눈물 흘릴지언정

네가 슬퍼선 안 될 일

대환란 2020

재갈을 물리고
주리를 틀어 봐도

끝까지 발설 않는
저놈 참 독한지고

역모의 심정은 있어도
물증 없는 이 사태

쇠꼬챙이 달구어
지져야 실토하랴

기필코 밝혀야한다
지엄한 호령 앞에

음모의 위장 전술이
지구별을 조롱한다

시인의 산문

06

살구나무 아래서

이 서 원

'행화당杏花堂'이라는 이름을 지어 놓고 오래도록 그 집에서 노니는 상상을 하였다. 아직 편액扁額도 없을 뿐더러 구체적인 계획도 세우지 않았다. 그렇지만 조선후기 문장가의 한 사람인 이용휴의 '행교유거기杏嶠幽居記'의 기문을 흉내 내며 그저 속으로 노니는 것만으로도 이렇게 즐거울 수가 없다. 직장을 퇴직하려면 아직 한참이나 남았다. 그 기간에 또 어떤 일이 일어날지 짐작조차 할 수 없는 세상이지만 마음은 눈치도 없이 호들갑이다. 남들이 들으면 "자네 성질 참 급하구만." 하면서 핀잔을 줄 게 뻔하다. 그러니 대놓고 자랑할 것도 못 된다. 그저 혼자 자화자찬, 북 치고 장구 치며 얼쑤 춤이나 추는 꼴이다.

어린 시절 집 뒤뜰에는 키 큰 살구나무 두 그루가 있었다. 물론 개살구였지만 문도 천장도 없는 재래식 화장실에 쪼그리고 앉아 꽃이 피는 걸 지켜보았고, 몇

날 후 풋살구가 떨어지는 소리도 들었다. 그리고 유월의 더위 속에서 샛노랗게 익어가는 살구를 어여삐 눈여겨보기도 했다. 동네 친구들은 그 나무에 올라가 살구 따는 즐거움으로 놀이 삼았다. 그런 기억 때문일까. 살구는 내 어린 날의 아련한 추억이며 깊은 시심의 원천인지도 모른다.

살구꽃 핀 마을은 어디나 고향 같다
만나는 사람마다 등이라도 치고지고
뉘 집을 들어서면은 반겨 아니 맞으리

바람 없는 밤을 꽃그늘에 달이 오면
술 익는 초당草堂마다 정이 더욱 익으리니
나그네 저무는 날에도 마음 아니 바빠라

—이호우 「살구꽃 핀 마을」

세월이 많이 흘렀다. 까마득히 잊고 있었던 살구나무가 다시 내게로 다가왔다. 위 시조를 볼 때마다 시골집에 다시 살구나무를 심었으면 좋겠다고 생각을 하던 차, 내 마음을 어찌 알았을까 싶게 동생이 묘목을 구해 집과 밭에 지천으로 심었다. 몇 년이 흐른 지금 봄이면 온통 살구꽃으로 뒤덮인다. 맛도 맛이려니와 꽃이며 동그란 구슬 같은 열매를 보는 즐거움도 적잖이 솔솔하다. 이제 반은 이루어진 셈이다.

그 옆 어디쯤 작은 농막이라도 하나 구해와 놓기만 하면 되겠다. 동으로 창을 내고 남산지南山池를 들여다 놓을 것이다. 밭에는 지금처럼 소소한 농작물을 소꿉놀이처럼 심으며 시를 공부한다면 이보다 더한 즐거움이 있으랴.

환장할 봄날이 오면 잎보다 먼저 피는 살구꽃 아래 멍석을 깔고 누워 눈처럼 쏟아지는 꽃을 세어 보리라. 바람의 미세한 떨림을 온 피부로 느끼며 떨어지는 꽃잎들 앞에서 눈시울이 아니 붉어질 것인가. 작은 꽃이파리 하나만 한 이 우주 속의 지구별, 거기에 티끌같이 앉은 나는 또 얼마나 작은 존재인가 말이다. 있음과 없음이라는 유무有無가 가슴 벅차다. 그걸 혼자 누리기 아까워 벗들을 부르는 이 일 또한 느꺼운 행복 아니겠나. 그들은 내 부름에 흔쾌히 달려와 봄밤에 시를 나누며 눌면하게 유유자적悠悠自適 하겠다.

*

우리 집안은 예로부터 제사에 지방을 쓰면서 학생學生 대신 처사處士를 썼다. 그것이 못내 이상했다. 굳이 여느 집과 다르게 할 필요가 있나 궁금하기도 했다. 공직에 나가 입신양명立身揚名을 하는 것이 근본이거늘 그걸 못하고 궁핍한 시골에 묻혀 땅이나 일구며 산다는 게 무슨 자랑이겠나. 얄팍한 자존심으로 은근슬쩍 처사라는 말을 갖고 와 변명 꺼리로 삼았지 않았나 해서 부끄러웠던 것이다. 그런데 이제 와 생각해보니 처사만큼이나 고결하고 자존심 강한 단어가 어디 있나 싶다. 처사는 벼슬하지 않은 이를 일컬어 부르는 말이다. 재야에 묻혀 끓어오르는 열정을 스스로 억누르며 자신을 다스리는 일만큼 어려운 게 있을까.

아버지의 기일에 먹을 갈아 지방紙榜을 쓴다. 현고顯考를 먼저 쓰고 나시 숨을 고르다 처사處士에 와서 붓끝에 더 힘이 가해진다. 초등학교 졸업이 전부인 아버지의 지난한 삶이었지만 큰 채 뒤뜰에는 살구나무를 심고, 사랑채 뒤뜰로는 석류나무를 심어 집을 꽃동산으로 일구었다. 일찍이 할머니를 여의고 그 사랑을 누리지 못했던 마음 한 켠의 위로였을까.

살구가 익는 계절은 이른 여름이다. 조그만 바람이 살랑살랑 일면 그 기운이 온몸을 짜릿하게 만든다. 살구처럼 조롱조롱 매달린 얼굴 위의 땀방울을 닦으며 풀숲에 두 다리를 쭈욱 뻗는다. 이파리 사이로 언뜻언뜻 보이는 작고 파란 하늘, 한량이 따로 있나 싶다. 품品도 격格도 없다. 다만 자유로운 마음이 전부다. 헛짓 같아도 거기에 알맞은 일렁임이 있고 혼자만의 고독 속에 유쾌함이 있다. 분단장을 곱게 한 여인의 아름다운 춤 같은 꽃이 졌다고, 장단의 가락이 없다고 해서 어찌 흥이 없을까. 나도 슬며시 살구나무 그늘에 앉는다. 눈을 감고 허공에 건듯 부는 바람의 탄력을 느끼며 짐짓 시선을 저 멀리 두고 딴청을 부려 본다.

*

살구꽃 향기는 은은하다. 자랑하지 않는 마음처럼 깊고 온화하다. 벚꽃이나 매화꽃처럼 대중적이지도 않다. 꽃그늘을 제 발목에 거느리면서도 우쭐하지 않는다. 진물이 흘러도 스스로 상처를 꿰매며 자성을 키

운다. 그윽하게 인자의 품위를 지녔다. 묵묵히 제 본향을 지키는 당산나무처럼 먼 하늘을 우러를 줄 안다. 그렇다고 수명이 길어 오랫동안 산천을 바라보는 눈을 가지진 못했다. 구차하게 연명하려 들지 않는다. 떠날 때를 알고 스스로 마음을 내려놓는다.

살구나무는 자신만의 깊은 옹달샘을 지니고 있다. 나처럼 하늘에 그리운 이를 두었다면 밤마다 몰래 뒤뜰로 나와 살구나무에 기대고 싶을 것이다. 그 슬픔이 울음 되어 고일 때 나무는 옹달샘을 열어 씻어주지 않을까? 등을 토닥여주며 '그래, 그래' 다 안다는 듯 보듬어주는 살구나무의 마음이야말로 우리네 정서일 것이다.

풋살구 몇 개가
은근슬쩍 익어가는

신맛 같은 봄밤이
정겹기도 하여라

고요가

뒤꿈치 들고
달을 슬몃 당기는

—「뒤뜰」

나는 왜 시조를 쓰는가? 목메는 그리움이 있어서다. 표현할 수 없는 아련하고 애타는 심정이 있어서다. 함부로 부를 수 없는 이름이 있어서다. 나를 그윽하게 바라보는 살구나무의 눈빛을 다 안을 수 없어서다. 좁은 뒤뜰에서 시간이 만든 세상을 향해 죽을 힘과 살 힘을 다하여 나아가기 위해서다.

살구나무 속 나이테 길을 걷는다. 황톳길이다. 동무들과 손잡고 타박타박 걷는 즐거운 길, 그 곁으로 오늘도 노을이 짙어진다. 물결처럼 일렁이는 잎 하나가 품안으로 떨어진다. 곧 우듬지에 별이 얇고 투명하게 앉겠다.

*

45년 만에 사랑채를 중수했다. 물이 새어 천장을 뜯으니 몇몇 서까래는 썩었고 흙은 떨어져 곧 무너질

듯 위태로웠다. 형제가 모여 여름 일주일을 꼬박 매달렸다. 산에 가서 황토를 퍼 나르고 사포질로 나무의 원색을 찾아냈다. 도배하고 아궁이 수리를 했다. 누구는 집을 없애라 하고 또 어떤 이는 새로 지으라고 했다. 그러나 이 집은 내가 어릴 때 온 가족이 함께 손수 지은 집이다. 새집을 짓는 게 훨씬 효율적이고 노고를 줄일 수 있는 방법인 줄 왜 모르겠나. 하지만 회백토를 천장에 바르며, 나무에 바니쉬를 칠하면서, 예닐곱 살의 나를 만날 수 있어서 좋았다. 까마득한 어린 시절 방바닥에 누워 대들보 상량문 一九七七年까지만 읽고 더이상 읽지 못해 속상했던 기억이 엊그제 같아 가슴이 먹먹해져 왔다.

목수장이, 기와장이, 미장이 모두 합심하여 지었던 집, 이 사랑채는 그냥 집이 아니다. 양식이 떨어진 서당골 할아버지가 날이 밝기가 무섭게 저 대문 입구에서 기침을 하고 들어오시면 부랴부랴 아침상을 내어놓은 겸양의 미덕이 남아있는 집이다. 장돌뱅이들이 지나가다 들어와 하룻밤 유하고 갈 때 기꺼이 아랫목을 내어준 포용의 집이다. 늑골이 드러나고 벽체가 무너질듯한 이 집에 다시 생명의 온기를 불어넣고 싶었다. 살아있다는 건 숨을 쉬는 일이며 피돌기가 아직도 너끈하다는 의미다. 동네서 제일 큰 무쇠솥을 걸어놓고 아궁이에 불을 지펴 메주콩을 삶는 사랑채에 아직도 뜨거운 애정이 무량하다.

무릇 공경이라 함은 예를 앞세워 뒤로 실리를 계산하지 않는다. 의복을 갖추고 인사를 올리되 돌아서 헛기침을 하는 무례함도 아니다. 경건히 무릎을 꿇고 두 손을 모아 위의威儀를 가다듬고 경청하는 데 있다. 할아버지, 아버지가 이 사랑방에서 돌아가셨으며, 그날 아침 흰 마고자를 흔들며 '복復'을 외치는 고복皐復 절차를 행했던 곳도 여기 앞마당에서였다. 그러니 어찌 허투루 이 집을 허물어버릴 수 있을까. 외형으로 드러나는 것이 전부가 아니라 내재 된 깊은 의미와 마주할 때 비로소 가치는 빛나는 것이다. 일주일간의 노동 끝에 모처럼 환한 생기로 숨을 쉬는 사랑방, 그 앞에서 불러보는 나의 노래다.

*

물든 장화 속 잘 씻긴 발바닥이듯

하얀 고요가 도란도란 모여있다

꼭 여문 살구씨 같은

모가 닳은 댓돌 위

—「오후 한 시」

'오후 한 시'는 들에서 오전 일을 마무리 짓지 못하여 좀 더 좀 더 하다가 허겁지겁 돌아오는 시간이다. 어차피 오후에, 아니면 내일 할 수도 있으련만 부지런함을 버리지 못하고 귀가하는 시간이다. 새참은 없다. 논두렁에 앉아 하늘 한 번 바라보고 휴우 긴 날숨을 내뱉다가 다시 손에 침을 퉤퉤 뱉으며 팔뚝에 힘을 준다. 그러다 들에 하나둘 농부들이 사라지면 아뿔사! 그제야 집으로 발걸음을 옮기는 시간이다. 둥근 우물에서 두레박으로 첨벙 어둠을 흔들어 깨운 다음, 물을 길어 올려 목덜미의 땀을 씻는다. 남은 물을 발에다 붓고 발과 발끼리 장화를 문지르며 흙을 탈탈탈 씻어 내리는 시간, 하얀 국숫발 같은 햇살이 쏟아지는 6월

오후 한 시는 개살구의 맛만큼이나 시절이 시큼하다.

댓돌은 살구씨처럼 여물었다. 방금 벗은 장화 한 켤레를 옆에 세워 두었다. 장화 속에서 부르튼 발이 눈부셨다. 하얀 고요가 도란도란 다시 모여드는 댓돌 위로 달그락달그락 나의 시가 고여왔으면 좋겠다. 삶에 슬픔이 올지라도, 절망에 무릎이 꺾어져도 시로 버팀목 삼을 수 있다면 행복이겠다.